O Grande Panda
e
o Pequeno Dragão

James Norbury

O Grande Panda
e
o Pequeno Dragão

Tradução
LÍGIA AZEVEDO

5ª reimpressão

Este livro é dedicado a todo
mundo que às vezes se perde.

Sumário

Primavera	6
Verão	46
Outono	78
Inverno	122
Primavera	148
Posfácio	157
Agradecimentos	158

Primavera

Tenha coragem.

Nunca se sabe a que um
primeiro encontro pode levar.

primavera 9

"Um novo dia e um novo começo",
disse o Pequeno Dragão.

"O que vamos fazer com ele?"

primavera 11

"O que é mais importante",
perguntou o Grande Panda,
"a jornada ou o destino?"

"A companhia", disse o Pequeno Dragão.

"Estou ocupado demais para olhar as flores agora",
disse o Pequeno Dragão.

"Mais um motivo para admirá-las",
disse o Grande Panda.
"Além disso, elas podem não estar mais aqui amanhã."

"A natureza não é incrível?",
perguntou o Pequeno Dragão.

"É sim", concordou o Grande Panda.
"Mas somos parte dela tanto quanto esta árvore
ou esta aranha, e igualmente maravilhosos."

"Grande Panda", disse o Pequeno Dragão, "gosto que você me ouça, converse comigo e viaje comigo, mas, acima de tudo, gosto de como você faz com que eu me sinta."

primavera 17

"Tente reservar um tempo
para as pequenas coisas",
disse o Grande Panda.

"Muitas vezes, são as mais importantes."

"A coisa mais importante",
disse o Grande Panda,
"é prestar atenção."

primavera   21

"Só porque você não sabe aonde vai,
não significa que esteja perdido",
disse o Pequeno Dragão, profundo.

"É verdade", disse o Grande Panda,
"mas neste caso estamos perdidos mesmo."

primavera 23

"Esta árvore passou por maus bocados",
disse o Pequeno Dragão.

"Sim", disse o Grande Panda,
"mas continua aqui, ainda mais forte e bonita."

primavera 25

"Se apresse!", exclamou o Pequeno Dragão.
"Temos muito a fazer!"

"O rio nunca se apressa", disse o Grande Panda.
"No entanto, apesar dos muitos obstáculos,
sempre chega a seu destino."

"Não tem nada acontecendo",
disse o Pequeno Dragão.

"Talvez só esteja acontecendo debaixo
da superfície por enquanto", disse o Grande Panda.

"Às vezes acho que não sou bom o bastante", disse o Pequeno Dragão.

"Uma cerejeira não se compara às outras árvores", disse o Grande Panda. "Só floresce."

Maneiras de usar uma folha: 1) como barco.

"Às vezes, só precisamos ser bobos."

Cada decisão que você toma no caminho
pode levar para mais perto ou mais longe
de onde você pretende ir.

"Erros significam que você está tentando",
disse o Grande Panda.
"Não desista."

"Quero mudar o mundo", disse o Pequeno Dragão.

"Comece com a próxima pessoa que precisar da sua ajuda", respondeu o Grande Panda.

primavera

"O mapa não mostra
aonde devo ir",
disse o Pequeno Dragão.

"Sua jornada não está em nenhum mapa",
disse o Grande Panda.
"Você deve descobrir seu próprio caminho."

"Já estou com saudade",
disse o Pequeno Dragão.
"E se ele se machucar?"

"Você o ajudou quando ele mais precisava",
disse o Grande Panda.
"E se ele tiver uma vida longa e feliz?"

"O caminho à frente parece difícil",
disse o Grande Panda.

"Não importa o quanto fique difícil",
disse o Pequeno Dragão,
"vamos encará-lo juntos."

44 primavera

"Queria que este momento durasse para sempre",
disse o Pequeno Dragão.

"Este momento é tudo o que existe",
disse o Grande Panda, sorrindo.

Verão

Nunca é desperdício de tempo ficar sem fazer nada.

"Queria ter te conhecido antes",
disse o Pequeno Dragão, "para que pudéssemos
ter ainda mais aventuras juntos."

"Qual é o meu propósito?", perguntou o Pequeno Dragão.

O Grande Panda pensou por um momento e então disse: "Sentar nesta pedra e ficar com seu amigo."

"Às vezes minha cabeça parece essa tempestade",
disse o Pequeno Dragão.

"Se você prestar bastante atenção",
disse o Grande Panda,
"conseguirá ouvir as gotas de chuva
batendo na pedra.
É possível encontrar um pouco
de paz mesmo na tempestade."

Um Dragão Ancião
é um Pequeno Dragão
que nunca desistiu.

"Temos um longo caminho a percorrer", disse o Grande Panda.

O Pequeno Dragão sorriu. "Vovô Dragão sempre dizia: 'Uma jornada de mil quilômetros começa com uma xícara de chá'."

"Você é um bom ouvinte", disse o Pequeno Dragão.

"Ouvir nunca me colocou em apuros", disse o Grande Panda.

"Não consigo achar o lugar certo para este último ramo", bufou o Pequeno Dragão.

O Grande Panda mastigou seu bambu, pensativo. "São as imperfeições que levam à perfeição."

"O melhor acompanhamento para o chá",
disse o Grande Panda,
"é um bom amigo."

"Estou preocupado", disse o Pequeno Dragão.
"Não sei o que fazer a seguir."

"Por apenas um momento",
disse o Grande Panda,
"pare, respire e ouça o vento
batendo nos bambus."

"O que você está fazendo?",
perguntou o Pequeno Dragão.

"Não tenho ideia", disse o Grande Panda,
"mas é muito divertido."

Se você buscar a felicidade dos outros,
pode acabar encontrando a sua.

"Sabe", o Pequeno Dragão disse,
"talvez estes sejam os bons e velhos tempos
para os quais vamos olhar com saudade."

"Nesse caso", disse o Grande Panda,
"não vamos permitir que acabem."

O amor não precisa de explicação.

Juntos, podemos fazer qualquer coisa.

verão 69

Algumas pessoas são como velas.

Queimam para trazer
luz aos outros.

Maneiras de usar uma folha: 17) como guarda-sol (e jantar).

"Ande, Grande Panda, vamos nos atrasar!"

O Granda Panda se sentou.
"Gosto de pensar que estou criando expectativa."

"Este jardim é lindo", disse o Pequeno Dragão.

O Grande Panda concordou.
"E só o encontramos porque pegamos o caminho errado muitas e muitas vezes."

"Você não faz muita coisa",
disse o Pequeno Dragão.

"Sou puro potencial",
disse o Grande Panda, bocejando.

verão 77

Outono

"O outono chegou", disse o Grande Panda,
"e logo vai ser a vez do inverno."

"Aaah...", disse o Pequeno Dragão.
"Mais noites aconchegantes juntos... com uma xícara de chá."

Maneiras de usar uma folha: 62) como guarda-chuva.

"Estamos perdidos de novo", disse o Grande Panda.

"Quando me perco", disse o Pequeno Dragão, "sempre ajuda voltar ao início e tentar lembrar por que comecei."

"E se eu encontrar alguém que não goste de mim ou das coisas que eu faço?", perguntou o Pequeno Dragão.

"Você deve trilhar o seu próprio caminho", disse o Grande Panda. "É melhor perder os outros do que perder a si mesmo."

86 outono

"Minha flor...", disse o Pequeno Dragão.

"Tudo passa, pequenino.
É o que torna tudo tão precioso."

"É difícil ser gentil com todo mundo", disse o Pequeno Dragão.

"Sim", disse o Grande Panda, "e é ainda mais difícil ser gentil consigo mesmo, mas precisamos tentar."

Desapegue ou seja arrastado.

Quando tomar chá... tome chá.

outono 93

"No que você está pensando?",
perguntou o Pequeno Dragão.

"Em nada", disse o Grande Panda.
"É maravilhoso."

"Não consigo sair deste buraco",
disse o Pequeno Dragão.

O Grande Panda sorriu.
"Então ficarei nele com você."

"As folhas estão morrendo", disse o Pequeno Dragão.

"Não fique triste", disse o Grande Panda.
"O outono é a forma de a natureza nos mostrar
como o desapego pode ser bonito."

"Olha o que eu encontrei."

"Ah", disse o Grande Panda,
"uma oportunidade de experimentar algo novo."

"Você está tão quieto hoje", disse o Pequeno Dragão.

O Grande Panda sorriu.
"Acho que não há nada que eu diga agora que possa ser melhor que o som da chuva."

"Não sei se isso está dando certo..."

102 outono

"Como esta árvore se mantém de pé?", perguntou o Pequeno Dragão.

"Em épocas melhores", disse o Grande Panda, "ela criou raízes profundas. Agora ela é capaz de aguentar qualquer tempestade."

"É uma pena não termos plantado esta árvore muito tempo atrás", disse o Pequeno Dragão. "Imagine como estaria grande."

"Estamos plantando agora", disse o Grande Panda.
"É o que importa."

"Consegue ouvir o vento batendo nas árvores, Pequeno Dragão?

É a natureza nos dizendo para parar por um momento, respirar e apenas ser."

"Você às vezes é maldoso consigo mesmo, Grande Panda?"

O Grande Panda ficou observando as ondulações na superfície da água.

"Vejo como você é gentil, Pequeno Dragão,
e tento me tratar com a mesma gentileza."

"Este caminho tem tantas dificuldades",
disse o Pequeno Dragão.

"É mesmo", concordou o Grande Panda,
"mas aprendemos algo com cada uma delas.

E imagine que vista linda haverá quando chegarmos lá em cima."

"Quer as pessoas elogiem ou critiquem você,
Pequeno Dragão, tente aceitar com delicadeza.

Uma árvore forte é resultado de
todo tipo de condições diferentes."

Ouvir o outro é uma das melhores coisas
que se pode fazer por ele.

110 outono

Quando você acende uma lanterna
para outra pessoa,
acaba iluminando seu
próprio caminho também.

"Se você não tentar", disse o Grande Panda,
"nunca vai descobrir se pode voar."

"Estou cansado", disse o Pequeno Dragão, com um suspiro.

"Então é hora de parar, olhar as estrelas e tomar uma xícara de chá quente", disse o Grande Panda.

"O que você está comemorando?", perguntou o Pequeno Dragão.

"O fato de estar tomando chuva", disse o Grande Panda. "Com você."

"Esta vela é bem pequena", disse o Pequeno Dragão.

"Por menor que seja a luz", disse o Grande Panda, sorrindo, "é sempre melhor que a escuridão."

"Quero abrir uma barraquinha de abóboras assustadoras", disse o Pequeno Dragão, "mas tenho medo de fracassar."

O Grande Panda serviu um pouco mais de chá ao amigo.

"Você pode até fracassar, pequenino, mas se deixar que o medo o impeça de tentar, o fracasso será certo."

Às vezes, tudo o que se pode fazer por uma pessoa
é lhe oferecer uma xícara de chá.

Talvez seja o bastante.

Há dias em que só
se levantar já é uma vitória.

"O que é o universo?", perguntou o Pequeno Dragão.

O Grande Panda olhou para o céu noturno acima deles.

"Somos nós, pequenino. Somos oceanos imensuráveis e tempestades de verão. Não há nada mais esplêndido."

Inverno

"Faz tantos dias que você me carrega",
disse o Pequeno Dragão.

"Poderia ser pior", disse o Grande Panda.
"Poderíamos ser o Grande Dragão e o Pequeno Panda."

inverno

"Cada estação é completamente diferente das outras", disse o Grande Panda. "Cada uma tem seus milagres."

"Assim como nós", sorriu o Pequeno Dragão.

Às vezes, é bom começar a jornada sem saber aonde estamos indo.

inverno

"Como você consegue seguir em frente?",
perguntou o Pequeno Dragão.

"Às vezes", disse o Grande Panda,
"mesmo o menor dos passos é melhor que nenhum."

"Foi o dia mais curto de todos", disse o Pequeno Dragão.
"O inverno chegou mesmo."

"Também será a noite mais longa", disse o Grande Panda,
"e ela traz suas próprias maravilhas."

"Desisto", disse o Pequeno Dragão.

"Tudo bem", disse o Grande Panda.
"Amanhã tentaremos de novo."

"A noite está fria e escura", disse o Pequeno Dragão.

"Não se preocupe, pequenino", disse o Grande Panda.
"O sol vai nascer de novo."

"Se estiver com dificuldade, pequenino, pode me dizer. Quero ajudar."

"Pensamentos ruins tornam uma pessoa ruim?", perguntou o Pequeno Dragão.

"Não", disse o Grande Panda.
"As ondas não são o mar. Os pensamentos não são a mente."

inverno

"Estou tão cansado", disse o Pequeno Dragão.

O Grande Panda parou.

"O inverno é o momento em que a natureza se recolhe para descansar e reunir energia para um novo começo.

Podemos fazer o mesmo, meu amiguinho."

inverno 135

"Esqueci de fazer minhas resoluções de Ano-Novo", disse o Pequeno Dragão, suspirando.

"Não se preocupe, pequenino", disse o Grande Panda. "Se deseja mudar algo, pode começar agora."

"Se você tivesse direito a três pedidos, quais seriam eles?", perguntou o Pequeno Dragão.

O Grande Panda refletiu por um momento.
"Nós dois juntos... viajando... na chuva."

"Há beleza em toda parte", disse o Grande Panda,
"por mais que às vezes seja difícil ver."

Maneiras de usar uma folha: 111) como trenó.

"Não consigo explicar como me sinto",
disse o Pequeno Dragão.

O Grande Panda sorriu.
"Tudo bem. As palavras não explicam tudo."

Você me dá forças quando as minhas acabam.

inverno 147

Primavera

O momento mais difícil para as borboletas
é logo antes de saírem do casulo.

"Você acredita em reencarnação?",
perguntou o Pequeno Dragão.

O Grande Panda bocejou.
"Acredito que podemos nos desapegar e começar
de novo a cada minuto de cada dia."

Até uma árvore danificada pode
produzir flores lindas.

"Já estamos chegando?",
perguntou o Pequeno Dragão.

O Grande Panda sorriu.
"Espero que não."

primavera

Posfácio

Algum tempo atrás, enquanto passava por um momento difícil, deparei com um livro sobre budismo em um sebo. Achei o conteúdo fascinante e comecei a estudar espiritualidade e meditação num nível mais profundo. Quanto mais aprendia, mais me dava conta de que não precisava ser escravo dos meus pensamentos negativos.

Tendo descoberto uma coisa que me deixava tão mais feliz, decidi ajudar mais pessoas. Juntei-me à Samaritans e passei a atender ligações de quem precisava de ajuda para lidar com a solidão, a ansiedade e a depressão. A extensão do sofrimento humano me chocou e me inspirou a abrir um pequeno grupo de apoio na minha região, mas a chegada da covid-19 interrompeu esses planos.

Como alternativa, resolvi fazer desenhos que comunicassem essas ideias poderosas e transformadoras de maneira simples e acessível. Não tinha ideia de como os meus esforços seriam bem-sucedidos até que pessoas de diferentes culturas, religiões, países e faixas etárias começaram a entrar em contato comigo, expressando como meus desenhos as ajudaram em momentos difíceis.

Coloquei todo o meu coração nessas ilustrações, e acho que é por isso que elas tocam as pessoas — cada uma delas carrega um pedacinho da minha alma.

Agradecimentos

Este livro é resultado da experiência de toda uma vida. Por isso, tenho que agradecer a todo mundo que já conheci. Todos eles me transformaram na pessoa que sou hoje, e se eu não fosse essa pessoa não teria criado isto. Portanto, meu muito obrigado.

No entanto, algumas pessoas se destacaram quando se tratou de tornar este livro realidade.

Ruth, que sempre me ajudou, só por ser ela mesma. Ela é o centro do meu mundo, e cada dia a amo mais.

Minha mãe e meu pai, que me ensinaram a ter autoconfiança e a valorizar a arte como uma maneira de transmitir ideias, e que sempre me apoiaram em todos os meus planos estranhos. Sem os dois na minha vida, eu nunca acreditaria que era possível viver de arte. Muito obrigado.

Meu irmão Alan e minha irmã Jayne, que sempre me encorajaram e apoiaram muito.

Ludo, nem acredito que você topou. Escrevi para tantos agentes, e você foi o único que acreditou em mim. Muito obrigado. Espero que sua fé seja recompensada. Gosto de pensar que ganhei um agente e um amigo. E Eve, sei o quanto você faz nos bastidores, então muito obrigado.

Dan, tive muita sorte com você. Nem consigo imaginar outro editor que compartilhasse tanto da minha visão ou que compreen-

desse tão profundamente o que eu estava tentando fazer. Muito obrigado a todo mundo na Penguin que trabalhou tanto para trazer meus desenhos engraçadinhos ao mundo: Aggie, Bea, Sarah, Lee, Jon, Tracy, Dan P-B, Rebecca, Anjali, Vanessa, Sophie, Ellie e Christina.

Sem o apoio e o encorajamento dos meus seguidores nas redes sociais eu não teria conseguido. Muito obrigado.

Ao pessoal da Samaritans: pode ser difícil às vezes, mas saber que sempre podemos contar uns com os outros faz toda a diferença. Falar com quem telefona é um privilégio, e as palavras dessas pessoas me mudaram de maneiras que nem consigo explicar. Acho que este livro não existiria sem elas.

E, é claro, agradeço a meus amigos animais, que mantêm minha sanidade mental ao mesmo tempo que me deixam maluco.

Copyright do texto © 2021 by James Norbury
Copyright das ilustrações © 2021 by James Norbury

Publicado originalmente como *Big Panda and Tiny Dragon* em 2021 por Michael Joseph, um selo da Penguin Books, parte do grupo Penguin Random House.

Os direitos morais do autor foram assegurados.

O selo Fontanar foi licenciado para a Editora Schwarcz S.A.

Grafia atualizada segundo o Acordo Ortográfico da Língua Portuguesa de 1990, que entrou em vigor no Brasil em 2009.

TÍTULO ORIGINAL Big Panda and Tiny Dragon

CAPA James Norbury

REVISÃO Nina Rizzo e Maitê Acunzo

Dados Internacionais de Catalogação na Publicação (CIP)
(Câmara Brasileira do Livro, SP, Brasil)

Norbury, James
   O Grande Panda e o Pequeno Dragão / James Norbury ; tradução Lígia Azevedo. — 1ª ed. — São Paulo : Fontanar, 2021.

   Título original: Big Panda and Tiny Dragon
   ISBN 978-85-8439-230-8

   1. Desenvolvimento pessoal 2. Espiritualidade 3. Livros ilustrados 4. Mente – Corpo I. Título.

21-70765   CDD-181.043

Índice para catálogo sistemático:
1. Filosofia budista   181.043

Cibele Maria Dias – Bibliotecária – CRB-8/9427

Todos os direitos desta edição reservados à
EDITORA SCHWARCZ S.A.
Rua Bandeira Paulista, 702, cj. 32
04532-002 — São Paulo — SP
Telefone: (11) 3707-3500
www.facebook.com/Fontanar
www.instagram.com/editorafontanar

TIPOGRAFIA Adriane por Marconi Lima
DIAGRAMAÇÃO Osmane Garcia Filho
PAPEL Alta Alvura, Suzano S.A.
IMPRESSÃO Gráfica Santa Marta, abril de 2024

FSC
www.fsc.org
MISTO
Papel | Apoiando
o manejo florestal
responsável
FSC® C005648

A marca FSC® é a garantia de que a madeira u
lizada na fabricação do papel deste livro prov
de florestas que foram gerenciadas de man
ambientalmente correta, socialmente justa e e
nomicamente viável, além de outras fontes
origem controlada.